REC

PARA MICROONDAS

GEORGINA DE LA COLINA

Luis González Obregón 5-B Col. Centro
Delegación Cuauhtémoc
C.P. 06020 Tels: 55-21-88-70 al 74
Fax:55-12-85-16
editmusa@mail.internet.com.mx
www.editmusa.com.mx

Miembro de la Cámara Nacional
de la Industria Editorial, Reg. No. 115

ISBN 968-15-0933-1

edición Febrero 2006

Impreso en México
Printed in Mexico

RECETARIO PARA MICROONDAS

GEORGINA DE LA COLINA

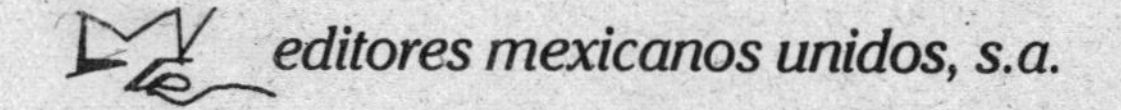

INTRODUCCION

Actualmente el horno de microondas se ha convertido en uno de los instrumentos más útiles en la cocina, no sólo para el ama de casa sino también para los señores y los niños.

Las mujeres empiezan a dejar de ser esclavas de la cocina por el tiempo que se pueden ahorrar con el uso del horno de microondas. Ahora ya no se ensucian tantos trastes como se hacía con el uso de la estufa y el horno convencionales; se ahorran más tiempo y resulta, ante todo, más cómodo.

El horno de microondas no sólo se puede usar para calentar las tortillas o el agua para el café. Nos vamos a dar cuenta, a través de este manual, que todo un menú completo para un día lo podemos elaborar en el horno de microondas. No vamos a ensuciar la estufa. Para guisar en el horno de microondas utilizaremos recipientes refractarios y éstos los podemos llevar hasta la mesa para que cada comenzal se sirva al gusto sin necesidad de estar dando vueltas a la cocina; además de la comodidad, permite que nuestra mesa tenga una agradable presentación.

Las microondas permiten preparar en forma rápida y económica los alimentos. La microonda es una onda electromagnética parecida a la onda luminosa y tiene tres funciones: refleja, transmite y absorbe.

El metal refleja las microondas, es por eso que no conviene utilizar recipientes metálicos. Los utensilios recomendados para el horno son: vidrio, plástico, papel, cerámica, loza y porcelana. Hay que comprobar que ninguno de estos utensilios tenga filos o adornos de tipo metálico como dorado o plateado porque se reflejarían las microondas y provocarían la descompostura de nuestro horno.

Los alimentos se calientan y pueden llegar hasta el punto de ebullición debido a que las microondas provocan la fricción de las moléculas de que están compuestos. A mayor fricción de dichas moléculas, mayor grado de calentamiento.

El tiempo necesario para la efectiva cocción de los alimentos enlistados en este manual, está calculado considerando a éstos a una temperatura ambiente. Si usted desea prepararlos recién salidos del refrigerador, tendrá que dar más tiempo que el indicado en cada receta.

Es importante anotar el tiempo empleado en la elaboración de cada platillo, partiendo del recomendado en cada una de las recetas de este manual.

Asimismo coloque correctamente los alimentos dentro del horno ya que de lo contrario los primeros que se cocerán serán los que están más cerca de las ventanillas de donde proceden las microondas.

Es recomendable procurar que las carnes no queden una encima de otra, ya que esto provoca una cocción desigual.

El calor interior que generan las microondas, da por resultado que el cocimiento de los alimentos continúe por unos minutos más, es por eso que la mayoría de la recetas de este manual se recomienda el reposo durante unos minutos, para asegurarse que los alimentos no quedarán crudos.

Los utensilios más apropiados para el horno de microondas son los de forma de anillo o circular, ya que éstos permiten que las ondas lleguen a los alimentos de manera uniforme y se cocinen completamente.

Un recipiente cuadrado hace que los alimentos que se encuentran en las esquinas, se cocinen primero. Para evitar esto, los alimentos deben ocupar el centro del recipiente. Una correcta distribución de los alimentos en los recipientes en los que se cocinen, dará una cocción uniforme.

SOPAS

ARROZ BLANCO

4 personas * 20 minutos

Ingredientes:

1 *taza de arroz.*
2 *tazas de agua muy caliente.*
1 *cucharada de perejil picado.*
1 *cucharada de mantequilla o margarina.*
2 *cucharadas de consomé en polvo.*
1 *diente de ajo.*
Sal, al gusto

Procedimiento:

- En un refractario se colocan todos los ingredientes excepto el arroz, se cubre con un plástico y se mete al horno por espacio de cinco minutos en "high".
- Al término de este tiempo, se agrega el arroz y se vuelve a hornear en "medium" por 15 minutos con el recipiente tapado.
- Se deja reposar cinco minutos.

ARROZ VERDE

4 personas * 22 minutos

Ingredientes:

1	*taza de arroz.*
2	*tazas de agua hirviente.*
1/2	*cebolla chica.*
1	*taza de cilantro*
1	*pimiento morrón verde chico.*
1	*taza de queso manchego rallado.*
1	*diente de ajo.*
	Sal, al gusto.

Procedimiento:

- En un recipiente refractario se ponen todos los ingredientes excepto el arroz y el queso.
- Se tapa y se mete al horno durante 7 minutos en "high".
- Se agrega el arroz revolviéndolo todo perfectamente y se vuelve a meter al horno 15 minutos más en "high".
- Al término se espolvorea el queso y se deja reposar de tres a cinco minutos.

ARROZ ESPAÑOL

4 personas * 20 minutos

Ingredientes:

3/4	*de taza de arroz.*
1/2	*taza de cebolla rebanada.*
2	*cucharadas de aceite.*
1/2	*taza de puré de tomate.*
1	*taza de apio picado.*
1	*cucharadita de azúcar.*
1	*y 1/4 taza de agua.*
	Sal, al gusto.

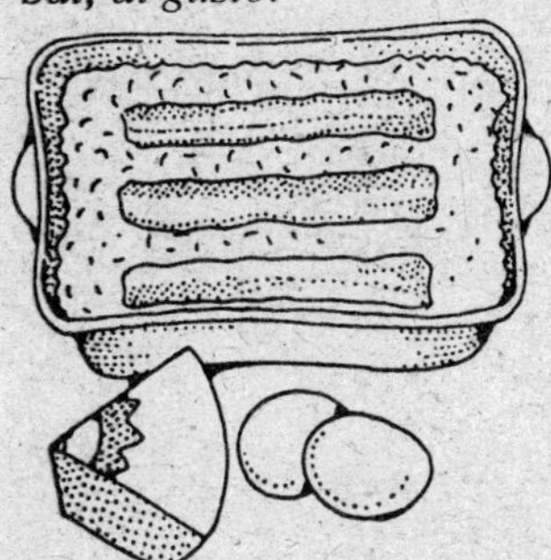

Procedimiento:

- Se lava y escurre el arroz.
- Se fríen los demás ingredientes en forma convencional.
- Se vacían en un recipiente refractario y se agrega el agua.
- Se mete al horno por espacio de 6 minutos en "high", al término se vacía el arroz previamente dorado en aceite.
- Se hornea durante 14 minutos en "medium".
- Se deja reposar de tres a cinco minutos.

SOPAS DE PAPAS

4 personas * 10 minutos

Ingredientes:

2 *papas grandes partidas en cuadros.*
1 *cebolla picada.*
1 *cucharada de perejil picado.*
2 *tazas de caldo de res o pollo.*
1 *cucharada de margarina o mantequilla.*
1 *lata chica de puré de tomate.*
Sal y pimienta, al gusto.

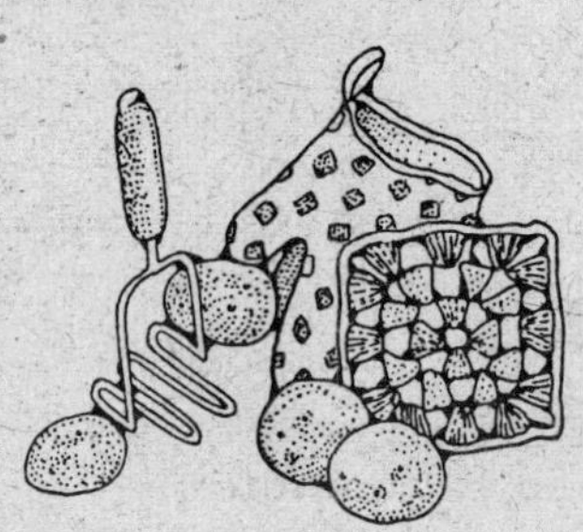

Procedimiento:

- Se fríen en aceite la cebolla y el puré de tomate.
- Se vacía en un recipiente refractario junto con las papas, el perejil, el caldo y la sal y pimienta.
- Se tapa y se deja hornear 10 minutos en "high". (tápese con plástico, no con tapa porque se puede derramar al caldo).
- Déjese reposar tres o cinco minutos.
- Al servirse se le agrega queso al gusto.

ARROZ CON ATUN

4 personas * 12 minutos

Ingredientes:

1	*taza de arroz cocido.*
2	*cebollas cambray finamente picadas.*
2	*tazas de consomé de pollo.*
1	*lata de crema de champiñones.*
1/2	*taza de chícharos cocidos.*
1	*lata de atún.*
	Sal, al gusto.

Procedimiento:

- En un recipiente refractario se revuelven el arroz, la crema, previamente preparada según las instrucciones, el consomé, las cebollas y la sal.
- Se cubre el recipiente y se cocina en el horno por espacio de 7 minutos en "high".
- Se agregan el atún, los chícharos y se vuelve a hornear 5 minutos más en "high".
- Se debe dejar reposar 10 minutos.

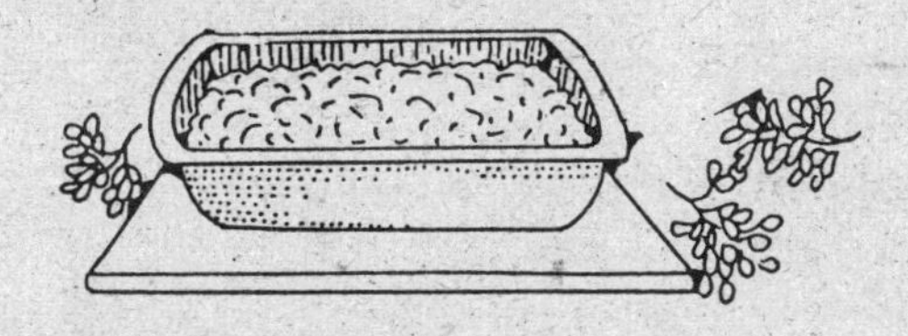

ARROZ CON CHILE POBLANO

4 personas * 5 minutos

Ingredientes:

2 *tazas de arroz blanco cocido.*
1 *taza de queso manchego rallado.*
1 *taza de crema agria.*
4 *chiles poblanos asados, desvenados y cortados en rajas.*

Procedimiento:

✿ Al arroz blanco cocido, se le revuelve el queso, las rajas y la crema.
✿ Se vacía en un recipiente refractario, el cual se tapará con un plástico.
✿ Se mete al horno por espacio de 5 minutos en "high".
✿ Se deja reposar de tres a cinco minutos.

CREMA DE POLLO

4 personas * 8 minutos

Ingredientes:

2 *tazas de consomé de pollo.*
2 *tazas de pollo deshebrado.*
1 *cucharada de harina.*
5 *cucharadas de mantequilla o margarina.*
2 *tazas de leche.*
Sal y pimienta, al gusto.

Procedimiento:

- En un recipiente refractario se derrite la mantequilla o margarina por espacio de 1 minuto en "high", se revuelve la harina, la leche, el consomé y la sal, se cocina en "high" nuevamente por 6 minutos moviendo de vez en cuando para evitar que se pegue, se agrega el pollo y se cocina 1 minuto más.

SOPA DE ESPINACAS

4 personas * 10 minutos

Ingredientes:

1/2 kg. de espinacas picadas y lavadas.
3 tazas de caldo de carne o pollo.
1/2 cebolla chica.
1 diente de ajo.
1 lata de puré de tomate chica.
1 cucharada de aceite.
Sal y pimienta, al gusto.

Procedimiento:

- En forma convencional se fríe el tomate, la cebolla y el diente de ajo.
- En un recipiente refractario se vacía y se le agregan las espinacas y el caldo junto con la sal y pimienta.
- Se mete al horno, el recipiente tapado, por espacio de 10 minutos en "high".
- Se deja reposar de tres a cinco minutos.

ARROZ A LA NARANJA

4 personas * 19 minutos

Ingredientes:

1	*taza de arroz.*
2	*cucharadas de mantequilla o margarina.*
1	*taza de apio finamente picado.*
1	*cucharada de cebolla finamente picada.*
1	*taza de jugo de naranja.*
1/2	*taza de agua.*
1	*cucharada de perejil picado.*
	Sal y pimienta, al gusto.

Procedimiento:

- En un recipiente refractario se derrite la mantequilla dentro del horno durante un minuto en "high", se le agrega el apio y la cebolla cocinándolos en "high" por dos minutos, cuando se suavice el apio se agrega el jugo de naranja, agua y sal.
- Se tapa el recipiente y se cocina en "high" 6 minutos o hasta que hierva, se añade el arroz y se tapa.
- Se hornea en "medium" 13 minutos hasta que el líquido se consuma.
- Se deja reposar tapado durante 5 minutos.
- Se puede adornar con rebanadas de naranja y perejil picado.

SOPA DE TORTILLA

4 personas * 8 minutos

Ingredientes:

100 g. de manteca.
12 tortillas chicas del día anterior.
1/2 taza de crema.
1 cebolla chica.
1 diente de ajo.
2 chiles poblanos.
1 lata chica de puré de tomate.
50 g. de queso rallado.
2 tazas de agua.
1 rama de epazote.
Sal y pimienta, al gusto.

Procedimiento:

- De manera acostumbrada se fríen las tortillas cortadas en tiras, en la manteca a que dore un poco.
- Se muelen el ajo, la cebolla y se fríen junto con el puré de tomate, se le agregan los chiles, asados, desvenados y cortados en tiras y se sazona con sal y pimienta.
- En un recipiente refractario, de preferencia hondo, se vacían todos los ingredientes, se tapa y se cocina en "high" por espacio de 8 minutos, se deja reposar un minuto.

SOPA DE COL CON HONGOS

4 personas * 22 minutos

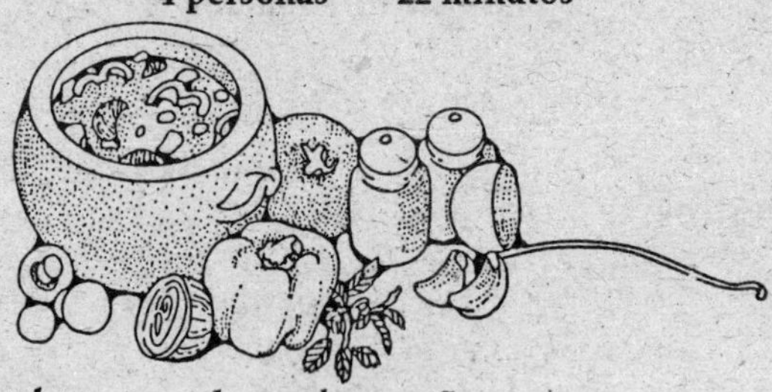

Ingredientes:

1 *col pequeña.*
1 *cebolla chica.*
1 *taza de hongos frescos.*
3 *cucharadas de tocino picado.*
1 *cucharada de aceite.*
3 *tazas de caldo de res.*
Sal, al gusto.

Procedimiento:

- De manera convencional se fríen los hongos lavados, escurridos y picados junto con la cebolla picada y el tocino.
- Cuando estén dorados se vacían en un recipiente refractario hondo al que se agregará el caldo de res.
- Se mete al horno por espacio de 12 minutos en "high", el recipiente se tapa con un plástico.
- Después del horneado se le agrega la col picada y se sazona con la sal.
- Se deja 10 minutos más en "high".
- Se deja reposar de tres a cinco minutos.

SOPA DE PORO Y PAPA

4 personas * 15 minutos

Ingredientes:

200 g. de poro.
2 papas chicas.
1 cebolla mediana.
1 diente de ajo.
1 cucharada de consomé en polvo.
3 tazas de agua.
Sal, al gusto.

Procedimiento:

- El poro lavado se corta en rodajas más o menos delgadas.
- Las papas se pican en cuadritos, ya peladas.
- La cebolla se corta en rodajas del mismo ancho que el poro.
- En un recipiente refractario hondo se vacían todos los ingredientes, se tapa con un plástico y se mete al horno por espacio de 15 minutos en "high".
- Se deja reposar de tres a cinco minutos.

CALDO DE CAMARON

4 personas * 30 minutos

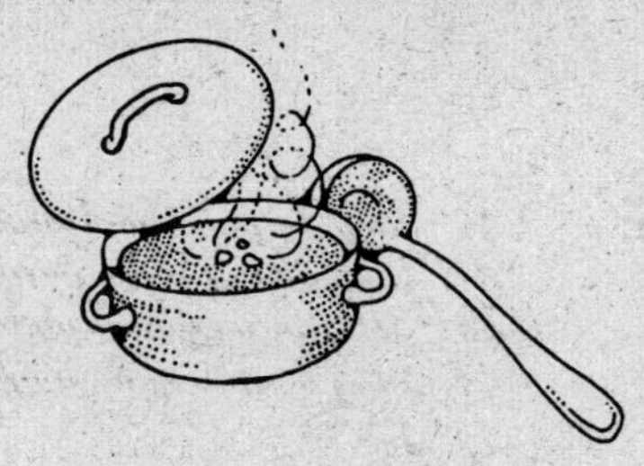

Ingredientes:

150 g. de camarón seco y limpio.
2 zanahorias picadas en rodajas delgadas.
2 chiles mora secos.
1 cebolla chica cortada en rodajas delgadas.
2 dientes de ajo.
1 cucharada de cilantro picado.
Sal, si es necesaria.

Procedimiento:

- En un recipiente refractario hondo vacié las zanahorias, lavadas y cortadas, la cebolla, el ajo y dos tazas de agua , tapar el refractario con un plástico y meter al horno por espacio de 15 minutos en "high".
- Al término agregar el camarón seco y pelado, el chile mora y volver a hornear 15 minutos más en "medium" con el recipiente tapado con un plástico.
- Dejar reposar cinco minutos antes de servir.

SOPA DE ALBONDIGAS DE POLLO

4 personas * 16 minutos

Ingredientes:

1	*taza de pollo molido.*
1/2	*taza de carne de cerdo molida.*
1	*cebolla mediana picada.*
1	*taza de pan remojado en leche.*
1	*huevo.*
	harina.
2	*cucharadas de consomé de pollo en polvo.*
	Sal, al gusto.

Procedimiento:

- Se mezclan las carnes junto con el pan remojado, la sal, cebolla, el huevo batido.
- Se forman albóndigas pequeñas y se enharinan.
- De manera convencional, freír las albóndigas en aceite hasta que estén doradas.
- En un recipiente refractario hondo se vacían 3 tazas de agua con las cucharadas de consomé en polvo, se cubre y se mete al horno por espacio de 6 minutos en "high" o hasta que esté a punto de hervor.
- Al término se le agregan las bolitas de carne y se hornea nuevamente durante 10 minutos más en "high".
- Se deja reposar de tres a cinco minutos.

SOPA DE BOLITAS DE QUESO

4 personas * 11 minutos

Ingredientes:

4	*tazas de consomé de pollo.*
1/2	*taza de pan molido.*
1/2	*taza de queso rallado.*
2	*cucharadas de cilantro picado.*
2	*cucharadas de harina.*
1	*huevo.*
1/2	*cebolla chica.*

Procedimiento:

- En un recipiente refractario hondo se vacía el consomé de pollo junto con la cebolla.
- Se mete al horno en "high" durante 8 minutos con el recipiente tapado con un plástico.
- Aparte se revuelven el pan molido, el cilantro, la harina, el huevo y el queso.
- Con la mezcla se forman bolitas y se fríen en aceite.
- Se incorporan al consomé y se hornea por 3 minutos más en "high".

SOPA DE ELOTE

4 personas * 15 minutos

Ingredientes:

1	*taza de granos de elote cocidos.*
100	*g. de queso Chihuahua.*
2	*chiles poblanos.*
2	*tazas de leche.*
1/2	*cebolla chica picada.*
2	*cucharadas de mantequilla o margarina.*
1	*cucharada de harina.*
1/2	*taza de cilantro picado.*
1	*diente de ajo.*

Procedimiento:

- Los chiles poblanos se asan, pelan, desvenan y se cortan en rajas.
- Se muelen en la licuadora junto con el cilantro, el ajo y un poco de leche procurando obtener un puré espeso.
- La cebolla se fríe de manera convencional en la mantequilla o margarina, cuando esté acitronada se le agrega la cucharada de harina y se mueve constantemente, se agrega la salsa de chiles, se deja freír por unos minutos.
- Se vacía en un recipiente refractario hondo y se le agrega el resto de la leche y media taza de agua junto con los granos de elote.
- Se deja hornear en "medium" por espacio de 15 minutos.
- Se deja reposar de cinco a ocho minutos.

SOPA DE FIDEOS

4 personas * 8 minutos

Ingredientes:

1	*paquete de fideos.*
3	*cucharadas de aceite.*
4	*tazas de agua.*
2	*cucharadas de consomé en polvo.*
1	*chile pasilla seco.*
1/2	*cebolla chica.*

Procedimiento:

- De manera convencional se fríe el fideo en el aceite a que quede dorado.
- El chile pasilla se remoja un rato en agua caliente habiéndolo desvenado antes, se licúa con la cebolla en poca agua.
- Se vacía el fideo en un recipiente refractario y se le agrega el chile, el consomé en polvo, sal y las cuatro tazas de agua cubriendo el recipiente con un plástico, se hornea en "high" por 8 minutos o hasta que quede casi seco .
- Se deja reposar de tres a cinco minutos.

SOPA DE FLOR DE CALABAZA

4 personas * 13 minutos

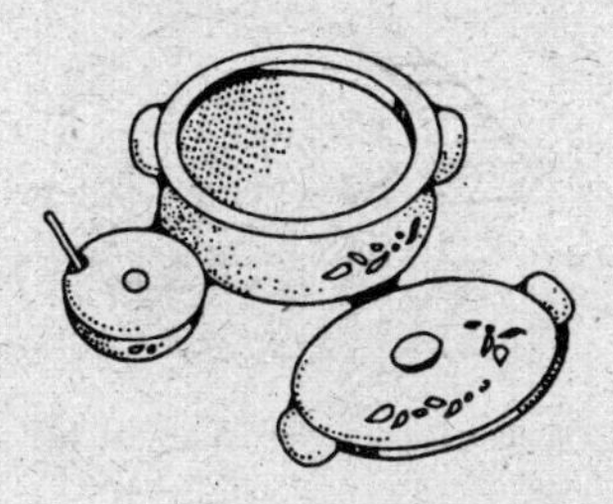

Ingredientes:

1/2	*kg. de flor de calabaza.*
1	*lata de puré de tomate chico.*
1	*cucharada de aceite.*
4	*tazas de agua.*
2	*cucharadas de consomé en polvo.*
1/2	*cebolla chica.*
	Sal, al gusto.

Procedimiento:

- La flor de calabaza se lava perfectamente y se pica.
- En un recipiente refractario se incorporan la cucharada de aceite, el puré de tomate, la cebolla cortada, el agua, consomé en polvo y la sal, se tapa con un plástico y se hornea 6 minutos en "high".
- Al término se le agrega la flor de calabaza y se vuelve a hornear 7 minutos más en "high" con el recipiente tapado.
- Se deja reposar de tres a cinco minutos.

VERDURAS

BROCOLI RAPIDO

4 personas * 25 minutos

Ingredientes:

1/2 *kg. de brócoli*
1/4 *de litro de crema agria.*
100 *g. de queso manchego.*
50 *g. de nuez moscada.*
Sal, al gusto.

Procedimiento:

- Se lava perfectamente el brócoli y se corta en pequeños racimos, se vacían en un recipiente refractario con 1/2 taza de agua y sal al gusto.
- Se cocina en "high" con el recipiente tapado por espacio de 20 minutos.
- Al término se le agrega la crema agria y el queso manchego se hornea cinco minutos más en "high", hasta que se gratine el queso.
- Se deja reposar tres minutos y se le espolvorea la nuez moscada.

CALABACITAS RELLENAS

4 personas * 7 minutos

Ingredientes

2	*calabacitas grandes cortadas a la mitad.*
1/4	*de litro de crema agria.*
1/2	*taza de queso manchego rallado.*
	Sal, al gusto.
	Ajo en polvo al gusto.

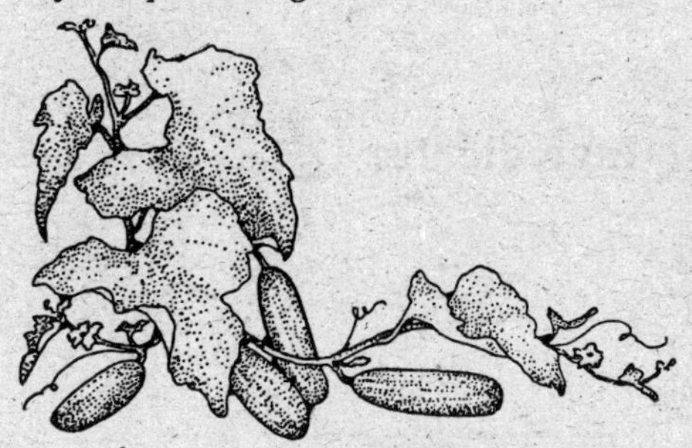

Procedimiento:

- Las calabacitas, lavadas, se cortan a la mitad a lo largo y se acomodan en un recipiente refractario sin que queden encimadas.
- Se cocinan en "high" cinco minutos hasta que se suavicen.
- Al término, se les quita la pulpa, la cual se mezclará con la crema, la sal y el ajo.
- Se rellenan las calabazas y se les espolvorea queso.
- Se cocinan en "high" de dos a tres minutos para que se derrita el queso.
- Se dejan reposar de dos a cuatro minutos.

CHILES RELLENOS

4 personas * 8 minutos

Ingredientes:

4	*chiles poblanos.*
200	*g. de queso manchego.*
1/4	*de crema agria.*
	Sal, al gusto.

Procedimiento:

- Los chiles se asan, pelan y desvenan, procurando hacer una abertura lo suficientemente grande como para que quepa un trozo de queso.
- Se rellenan con el queso y se meten al horno en un recipiente refractario, agregando un chorrito de agua, por espacio de cinco minutos en "high".
- Al término se bañan con la crema, la leche y la sal revueltos y se vuelven a meter al horno por tres minutos más en "high".
- Se dejan reposar de tres a cinco minutos.

JITOMATES RELLENOS (de elote)

4 personas * 4 minutos

Ingredientes

4 *jitomates grandes y duros.*
2 *cucharadas de queso añejo rallado.*
1 *lata de granos de elotes mediana.*
Ajo en polvo al gusto.
Sal y pimienta, al gusto.

Procedimiento:

- En un recipiente se combinan el queso añejo, los granos de elote escurridos, el ajo en polvo, la sal y pimienta al gusto.
- Los jitomates se lavan y se les corta en un extremo una rodaja de dos centímetros aproximadamente.
- Se les extrae la pulpa que se picará y añadirá a los demás ingredientes.
- Se rellenan los jitomates con esta mezcla, y se acomodarán en un recipiente refractario cocinando en "high" por espacio de cuatro minutos a que suavice un poco la cáscara.

PAPAS EN MANTEQUILLA O MARGARINA

4 personas * 25 minutos

Ingredientes:

2	*papas medianas.*
4	*cucharadas de mantequilla o margarina.*
	Sal y pimienta, al gusto.
1	*taza de queso manchego rallado.*
1/2	*taza de agua.*

Procedimiento:

- Las papas se pelan y se cortan en rebanadas muy delgadas, se colocan en un recipiente refractario extendido previamente engrasado con margarina o mantequilla, se untan con la misma, se le agrega la sal y pimienta junto con la media taza de agua.
- Se cocinan en "medium" por espacio de 20 minutos, interrumpiendo el proceso a la mitad del tiempo para revolver las papas y lograr un cocimiento uniforme.
- Al término se les agrega el queso hasta que se funda durante tres minutos en "high".
- Se dejan reposar de tres a cinco minutos. No deben quedar secas las papas porque quedan chiclosas.

ZANAHORIAS CON NARANJA

4 personas * 11 minutos

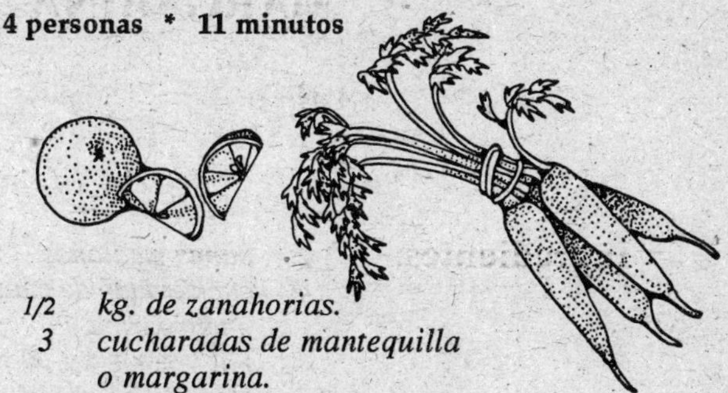

Ingredientes:

1/2	*kg. de zanahorias.*
3	*cucharadas de mantequilla o margarina.*
1	*cucharada de azúcar morena.*
	jugo de 2 naranjas.
	Sal, al gusto.

Procedimiento:

- Se lavan perfectamente las zanahorias y se cortan en rodajas delgadas.
- En un recipiente refractario se derrite la mantequilla en "high" durante un minuto.
- Se añade el azúcar, la sal, las zanahorias y el jugo de naranja procurando que las zanahorias queden cubiertas con el jugo.
- Se tapa el recipiente con plástico en "high" durante 10 minutos o hasta que las zanahorias estén suaves.
- Se interrumpe la cocción a la mitad del proceso para revolver perfectamente las zanahorias y así obtener una cocción uniforme.
- Se dejan reposar de tres a cinco minutos.

ESPINACAS A LA CACEROLA

4 personas * 5 minutos y medio

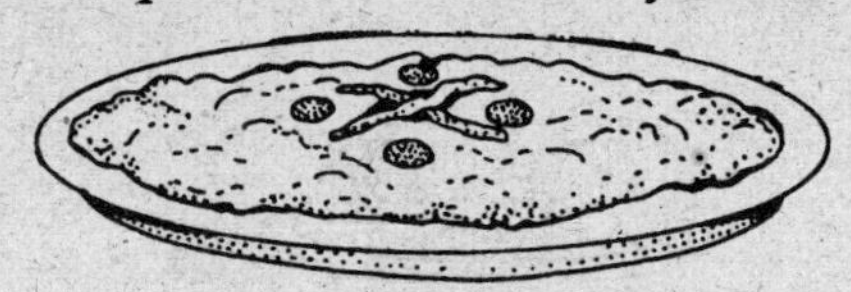

Ingredientes:

- 1 *kg. de espinacas.*
- 1 *limón.*
- 2 *cucharadas de pan molido.*
- 1/2 *cucharadita de azúcar.*
- 1 *cucharada de mantequilla o margarina.*
- 1 *diente de ajo.*
- 1 *queso crema chico.*

Procedimiento:

- ✿ Las espinacas se lavan perfectamente, se escurren y se parten con las manos.
- ✿ Se colocan en un recipiente refractario junto con el jugo de limón, las cucharadas de pan molido, el azúcar, la mantequilla o margarina y el diente de ajo machacado.
- ✿ Se revuelve todo perfectamente y se mete al horno por espacio de cinco minutos en "high", cubriendo el recipiente con un plástico.
- ✿ Cuando estén tiernas las espinacas, se les agrega el queso crema y se hornean por 40 segundos más en "high".
- ✿ Se dejan reposar de tres a cinco minutos.

COLECITAS DE BRUSELAS

4 personas * 19 minutos

Ingredientes:

1/2	*kg. de colecitas de bruselas frescas.*
2	*cucharadas de almendras picadas.*
2	*cucharadas de consomé en polvo.*
2	*cucharadas de margarina untable.*
1	*limón.*
	Sal y pimienta, al gusto.

Procedimiento:

- Las colecitas se lavan perfectamente y se escurren, se ponen en un recipiente refractario, se les espolvorea la sal y el consomé en polvo.
- Se cubre con un plástico y se cocinan en "high" por espacio de 15 minutos, se revuelven bien y se cocinan por cuatro minutos más.
- Se deja reposar de tres a cinco minutos.
- Se mezclan la margarina, el jugo de limón y se les agrega a las colecitas.
- Las almendras se tuestan en forma convencional sobre un comal o una sartén sin grasa, ya tostadas se le espolvorean a las colecitas.

NOTA: Las colecitas deben ser frescas pues de lo contrario tienen un sabor amargo.

COLIFLOR CON QUESO

* 4 personas * 20 minutos

Ingredientes:

1/2	*kg. de coliflor.*
1/2	*taza de queso amarillo untable.*
1	*cucharada de margarina untable.*
2	*cucharadas de harina.*
1	*taza de leche.*
1	*chorrito de salsa inglesa.*

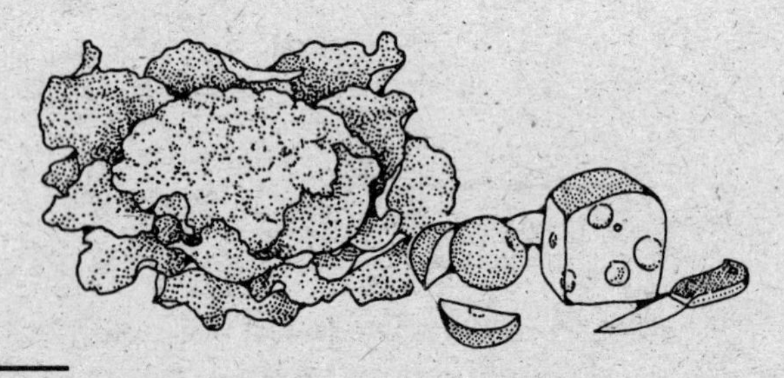

Procedimiento:

- Se lava perfectamente la coliflor y se corta en ramitos, se coloca en un recipiente refractario profundo, se tapa y cocina en "high" 18 minutos hasta que suavicen.
- Aparte se prepara la siguiente salsa de manera convencional, se derrite la mantequilla, se agrega la leche, harina, queso y salsa inglesa, se mezcla perfectamente y se deja en el fuego lento hasta que espese moviendo continuamente, se vierte esta salsa sobre la coliflor y se hornea dos minutos en "high".
- Se deja reposar tres minutos.

PURE DE PAPA

4 personas * 15 minutos

Ingredientes:

2	*papas medianas.*
1/2	*taza de leche.*
3	*cucharadas de mantequilla o margarina.*
	Sal, al gusto.

Procedimiento:

- Las papas se pelan y parten en cuatro, en un recipiente refractario se vacían y se cubren con agua.
- Deben quedar totalmente cubiertas de agua debido a que absorben mucha además de que se consume rápidamente.
- Se tapa el recipiente con plástico, no se debe usar tapa ya que las papas al estar en proceso de cocción, producen mucha espuma que botaría ésta.
- Se meten al horno durante 15 minutos en "high".
- Se dejan reposar cinco minutos.
- Cocidas las papas se les incorporan los demás ingredientes y se hacen puré. Si hace falta leche se le puede agregar otra poca sin necesidad de calentarla.

ENSALADA DE PAPAS

4 personas * 20 minutos

Ingredientes:

4	*papas.*
2	*tallos de apio picados.*
2	*rebanadas de tocino.*
1/2	*taza de mayonesa.*
2	*cucharadas de cebolla picada.*
2	*cucharadas de crema agria.*
	Sal, pimienta, al gusto.

Procedimiento:

- Se lavan perfectamente las papas y, sin quitarles la cáscara se perforan con un tenedor y se acomodan en un recipiente refractario redondo y extendido.
- Se cocinan en "high" por espacio de 15 minutos, hasta que estén suaves, se dejan enfriar. De manera convencional se cocina el tocino junto con los demás ingredientes excepto las papas, éstas se rebanan y se escurren, se les agregan los demás ingredientes, se tapan con un plástico y se meten al horno en "high" por cinco minutos más.
- Se deja reposar de tres a cinco minutos.

PECHUGAS EN CHIPOTLE

4 personas * 25 minutos

Ingredientes:

- 2 *pechugas de pollo partidas a la mitad y deshuesadas.*
- 1 *lata chica de chiles chipotles.*
- 1 *y 1/2 tazas de crema espesa.*
- *Sal, al gusto.*

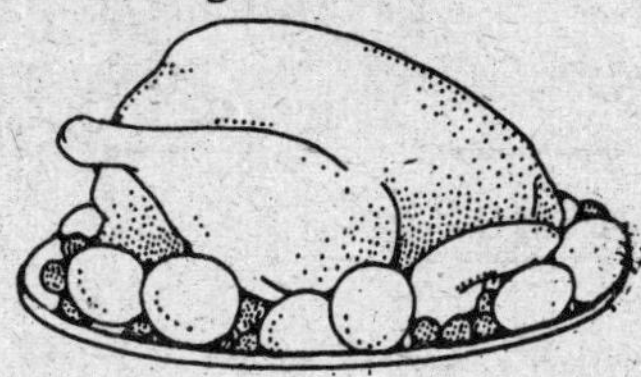

Procedimiento:

✿ Lavadas las pechugas y escurridas, se colocan en un molde refractario.

✿ Se licúan los demás ingredientes incorporando la salsa sobre el pollo procurando bañar perfectamente las pechugas.

✿ Se cubre el recipiente con su tapa refractaria o con plástico y se mete al horno por 25 minutos en "high".

✿ Se pueden servir con arroz.

PECHUGAS EN SALSA DE CHAMPIÑONES

4 personas * 25 minutos

Ingredientes:

2	*pechugas de pollo partidas a la mitad y deshuesadas.*
1	*lata de crema de champiñones.*
1/4	*de taza de leche.*
1	*lata mediana de champiñones enteros o partidos.*
1	*rodaja de cebolla.*

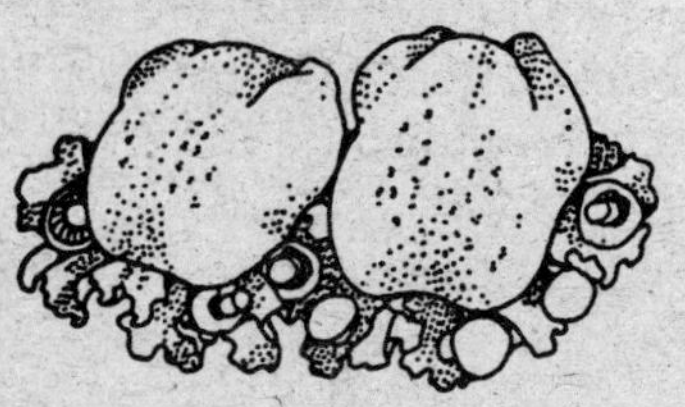

Procedimiento:

- Se lavan y escurren las pechugas y se colocan en un recipiente refractario.
- La crema de champiñones se prepara de acuerdo a las instrucciones de la lata.
- Sobre el pollo se distribuyen uniformemente las rodajas de cebolla y se baña con la crema de champiñones, se le agrega sal, al gusto.
- Se mete al horno 25 minutos en "high".
- Los champiñones cortados o enterosse usan para adorno.
- Se deja reposar dos minutos.

POLLO AL LIMON

4 personas * 30 minutos

Ingredientes:

4 *piernas con muslo medianas.*
Jugo de cuatro limones.
Sal y pimienta, al gusto.

Procedimiento:

✿ En un recipiente refractario, se colocan las piezas de pollo perfectamente lavadas y escurridas, se bañan con el jugo de limón agregando también la sal y pimienta.

✿ Se cubre el recipiente con tapa refractaria o con plástico y se mete al horno durante 30 minutos en "high".

✿ Se deja reposar dos minutos.

PECHUGAS RELLENAS

4 personas * 20 minutos

Ingredientes:

2	*pechugas de pollo partidas en cuatro, deshuesadas y aplanadas.*
8	*rebanadas delgadas de jamón.*
100	*g. de queso para fundir.*
150	*g. de espinacas.*
2	*cucharadas de mantequilla.*
	Sal y pimienta, al gusto.
1/4	*de crema agria.*

Procedimiento:

- Ya lavadas y escurridas las pechugas, se colocan en un recipiente refractario, sobre cada uno de los trozos se colocará una rebanada de jamón, queso, espinacas lavadas y picadas, otra rebanada de jamón y por último, un trozo más de pollo.
- Se cubren los cuatro trozos de pollo con la mantequilla, la crema, se espolvorea queso rallado (para fundir) y se le agrega sal y pimienta al gusto.
- Se mete al horno durante 20 minutos en "high".

POLLO AL CLAVO

4 personas * 30 minutos

Ingredientes:

4	*piernas con muslo.*
1	*lata chica de puré de tomate.*
1/2	*cebolla chica.*
2	*cucharadas de margarina o mantequilla.*
	pimienta en polvo.
	Sal, al gusto.

Procedimiento:

✿ De manera convencional, se freirán el pollo, la cebolla rallada, el clavo y la pimienta en polvo en la margarina o mantequilla.

✿ En un recipiente refractario, se incorporan todos los ingredientes bañándolos con el puré de tomate; se mete al horno, tapándolo con plástico o tapa refractaria, por espacio de 30 minutos en "high".

POLLO A LA PIMIENTO

4 personas * 15 minutos

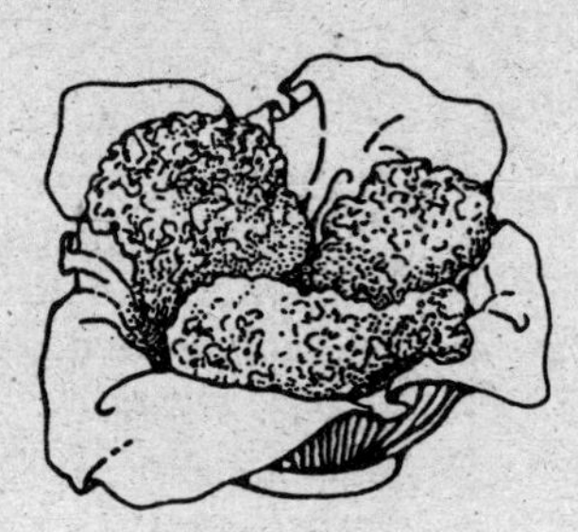

Ingredientes:

2 *pechugas de pollo deshuesadas.*
1 *lata chica de pimiento morrón rojo.*
1/4 *de litro de crema agria.*
1 *rodaja de cebolla.*
Sal, al gusto.

Procedimiento:

- Las pechugas se colocan en un recipiente con una poca de sal.
- Aparte se licúan los pimientos, la crema y la cebolla.
- Se mete el pollo al horno durante diez minutos en "high", después de este tiempo se le agrega la salsa que se había preparado y se vuelve a meter al horno por espacio de cinco minutos en "high".
- El recipiente debe estar tapado.
- Se deja reposar tres minutos.

POLLO CURRY

4 personas * 22 minutos

Ingredientes:

4	*piernas con muslo.*
1/4	*de litro de crema agria.*
1	*lata chica de piña en almíbar picada.*
1/2	*taza de pasitas.*
1	*cucharada de curry en polvo.*

Procedimiento:

- Se coloca el pollo en un recipiente refractario, se tapa y mete al horno por diez minutos, al término de estos diez minutos, se voltea el pollo y se le agregan, combinando los demás ingredientes.
- Se vuelve a meter al horno doce minutos más en "high".

POLLO AL HORNO

4 personas * 22 minutos

Ingredientes:

4	*piernas con muslo.*
1	*cerveza chica.*
1/4	*de litro de crema agria.*
1	*lata mediana de champiñones rebanados y escurridos.*
1	*rodaja grande de cebolla.*
	Sal y pimienta, al gusto.

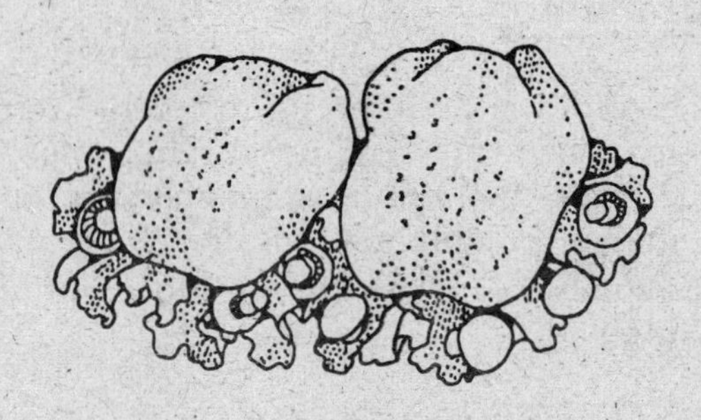

Procedimiento:

- Se coloca el pollo en un molde refractario, se tapa y se mete al horno durante diez minutos en "high"; se voltea y se le incorporan los demás ingredientes cocinando por doce minutos más en "high".
- Se deja reposar tres minutos.

POLLO A LA MOSTAZA

4 personas * 22 minutos

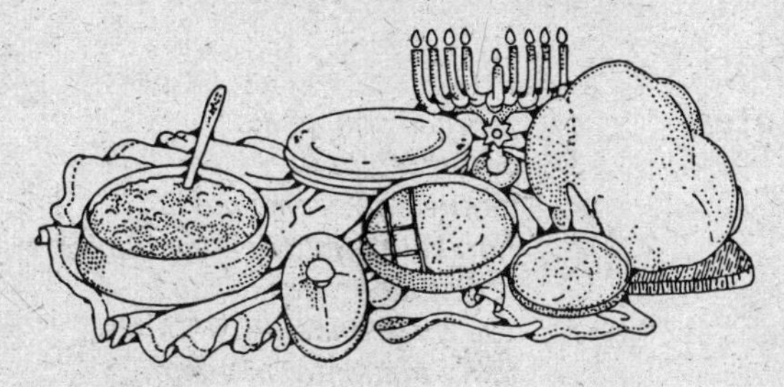

Ingredientes:

2 *pechugas deshuesadas y partidas a la mitad.*
1/4 *de litro de crema agria.*
2 *cucharadas de margarina o mantequilla.*
2 *cucharadas de mostaza.*
1 *y 1/2 cucharadas de consomé de pollo en polvo.*
Sal y pimienta, al gusto.

Procedimiento:

✿ En un recipiente refractario se derrite la mantequilla o margarina por 25 segundos en "high", se colocan sobre la mantequilla las piezas de pollo y se hornean durante 15 minutos en "high".

✿ Aparte se licúan los demás ingredientes y se incorporan al pollo que se vuelve a hornear por 7 minutos más en "high".

✿ Se deja reposar tres minutos.

ENTOMATADO DE POLLO

4 personas * 20 minutos

Ingredientes:

2	*pechugas de pollo grandes partidas a la mitad.*
1/2	*kg. de tomate verde.*
1/2	*cebolla chica.*
1	*cucharada de consomé en polvo.*
	Sal y pimienta, al gusto.

Procedimiento:

- Las pechugas se ponen a cocinar durante 10 minutos en "high" cubiertas con tapa refractaria o plástico.
- Aparte se licúan los demás ingredientes por pocos segundos.
- La salsa no debe quedar muy licuada.
- Se incorpora ésta al pollo y se hornea por 10 minutos más en "high", cubriéndolo.
- Se deja reposar tres minutos.

POLLO CON NUEZ

4 personas * 20 minutos

Ingredientes:

4	*piernas con muslo.*
1/2	*taza de pasitas.*
1/2	*taza de nuez picada.*
2	*cucharadas de mantequilla o margarina.*
1	*hoja de laurel.*
	Sal y pimienta, al gusto.

Procedimiento:

✿ De manera convencional, se fríe el pollo en la mantequilla con la sal y pimienta, se coloca en un recipiente refractario incorporándole los demás ingredientes y agregándole un chorrito de agua, se tapa y se mete al horno por 20 minutos en "high".

✿ Se deja reposar tres minutos.

POLLO BARBACOA

4 personas * 22 minutos

Ingredientes:

4	*piernas con muslo.*
3	*cucharadas de manteca vegetal o de cerdo.*
1	*taza de puré de tomate.*
1	*cucharada de salsa inglesa.*
1/2	*taza de cebolla picada.*
1/2	*diente de ajo molido*
1	*taza de agua.*
	Sal, al gusto.

Procedimiento:

- De manera convencional, se fríe el pollo en la manteca.
- Se mezclan los demás ingredientes y se incorporan al pollo.
- Se mete al horno en recipiente refractario y se cubre con plástico o tapa refractaria durante 12 minutos en "high".
- Se voltean las piezas de pollo y se hornea en "high" 10 minutos más.
- Se deja reposar tres minutos.

POLLO CON SOYA

4 personas * 25 minutos

Ingredientes:

- 2 *pechugas de pollo partidas a la mitad.*
- 1/2 *taza de salsa de soya.*
- 1/2 *taza de agua.*
- 1 *cucharada de maicena.*
- 1 *cebolla chica cortada en rebanadas finas.*
- 2 *cucharadas de mantequilla o margarina.*

Procedimiento:

✿ Ya lavado y escurrido, el pollo se fríe en la mantequilla o margarina de manera convencional.

✿ Mientras se fríe el pollo, que debe quedar dorado por los dos lados, se prepara la salsa de soya, agua y maicena.

✿ Frito el pollo se vacía en un recipiente refractario en donde se le incorporará la mezcla anterior y la cebolla.

✿ Se cubre el recipiente con plástico o tapa refractaria y se mete al horno 25 minutos en "high".

✿ Al término se deja reposar tres minutos.

NOTA: A esta receta no se debe agregar sal, ya que la salsa de soya contiene la suficiente.

POLLO EN MOLE VERDE

4 personas * 25 minutos

Ingredientes:

4	*piernas con muslo.*
2	*cucharadas de pipián verde.*
1/2	*kg. de tomate verde.*
1	*cebolla chica.*
1	*manojo pequeño de cilantro.*
1	*diente de ajo.*
1	*taza de agua.*
	Sal, al gusto.

Procedimiento:

- Lavado el pollo, se mete al horno con media taza de agua y sal por espacio de 10 minutos.
- Mientras está en el horno el pollo, se licúan los demás ingredientes, perfectamente lavados.
- Si la salsa queda muy espesa, se le puede agregar 3/4 de taza de agua.
- Se le agrega al pollo que ya ha sido horneado durante 10 minutos y se vuelve a meter al horno 15 minutos más en "high" cubierto con plástico o con una tapa refractaria.
- Se deja reposar tres minutos.

POLLO EN SU JUGO

4 personas * 25 minutos

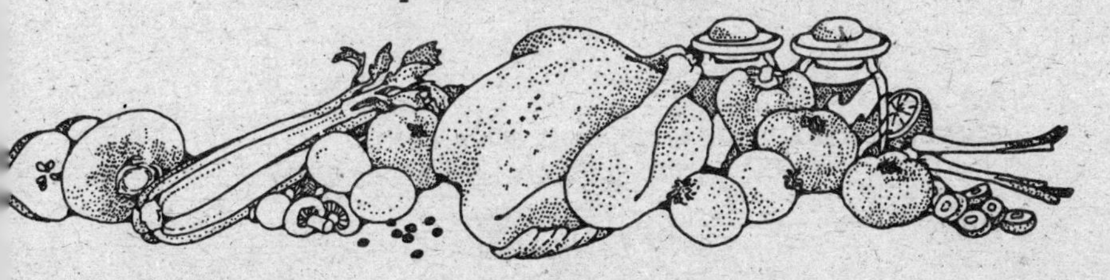

Ingredientes:

4 *piernas con muslo de pollo.*
4 *cucharadas de aceite.*
4 *zanahorias picadas.*
2 *papas picadas.*
1/2 *cebolla chica partida en rodajas.*
2 *tazas de agua.*
2 *chiles largos.*
Pimienta y sal, al gusto.

Procedimiento:

✿ De manera convencional, se fríe el pollo mientras, en un recipiente refractario, se mete al horno las zanahorias con agua suficiente para que las cubra, durante 10 minutos en "high". En un recipiente refractario, se incorpora el pollo ya frito y se le agregan los demás ingredientes incluyendo las zanahorias escurridas.

✿ Se le agrega 3/4 de taza de agua y se mete al horno durante 25 minutos en "high". Se deja reposar tres minutos.

POLLO EN VINO BLANCO

4 personas * 30 minutos

Ingredientes:

4 *piernas con muslo.*
2 *cucharadas de mantequilla o margarina.*
2 *dientes de ajo.*
1 *taza de vino blanco.*
Aceitunas, al gusto.
Sal, al gusto.

Procedimiento:

- Lavado y escurrido el pollo, se pone a freír por ambos lados en forma convencional en la mantequilla o margarina.
- Se incorpora a un recipiente refractario.
- Se le agregan los demás ingredientes, se cubre con plástico o tapa refractaria y se mete al horno por espacio de 15 minutos en "high" y 15 minutos en "medium".
- Se deja reposar tres minutos.

POLLO AL JEREZ

4 personas * 25 minutos

Ingredientes:

4	*piernas con muslo.*
1/2	*taza de jerez.*
3	*zanahorias picadas.*
1	*cebolla chica partida en rodajas.*
2	*cucharadas de mantequilla o margarina.*
	Sal, al gusto.

Procedimiento:

- Se fríe de manera convencional el pollo, ya lavado y escurrido, en la mantequilla o margarina.
- Mientras se fríe, se meten al horno con una taza de agua, las zanahorias picadas y lavadas, por espacio de 15 minutos en "high".
- Frito el pollo, se vacía en un recipiente refractario y se le agregan los demás ingredientes.
- Se mete al horno durante 25 minutos en "high" tapado el recipiente con plástico o tapa refractaria.
- Se deja reposar tres minutos.

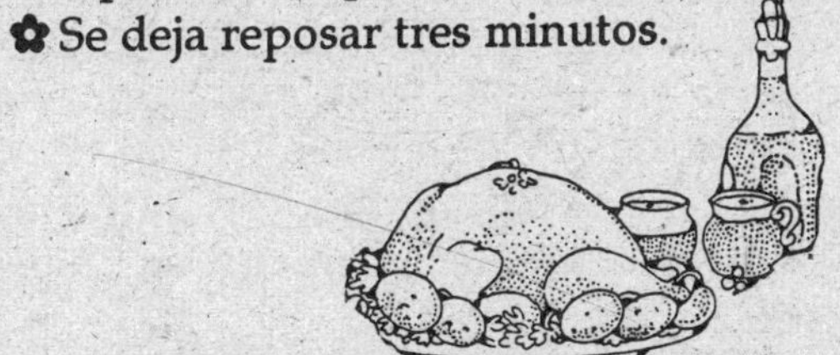

CARNE DE CERDO

CERDO MECHADO

4 personas * 35 minutos

Ingredientes:

1/2	*kg. de lomo de cerdo rebanado.*
1	*chorizo.*
2	*chiles largos en vinagre.*
1	*cucharada de aceite o manteca.*
1	*lata chica de puré de tomate.*
1	*cebolla chica.*
2	*cucharadas de harina.*
1/2	*taza de vino blanco.*
	Sal al gusto.

Procedimiento:

- Se mechan las rebanadas de lomo con pedacitos de chorizo y de chile en vinagre, se enharinan y se fríen de manera convencional en el aceite o manteca junto con la cebolla rebanada, cuando esté dorado se vacía en un recipiente refractario y se le agrega el puré de tomate, el vino y la sal.
- Se cubre con plástico o con una tapa refractaria y se mete al horno durante 35 minutos en "high".
- Se deja reposar tres minutos.

COSTILLAS DE PUERCO A LA BARBACOA

4 personas * 32 minutos

Ingredientes:

- 3/4 *de kg. de costillitas de cerdo.*
- 1 *taza de jalea de ciruela.*
- 1/2 *taza de miel de maple.*
- 1/2 *taza de salsa de soya.*
- 1/4 *de taza de cebolla picada.*
- 2 *dientes de ajo picados.*

Procedimiento:

- En un recipiente refractario, se revuelven todos los ingredientes y se meten al horno por espacio de 2 minutos en "high".
- Se le agregan las costillas procurando que queden perfectamente cubiertas por esta salsa y se deja reposar durante dos horas.
- Pasadas las dos horas, se mete al horno durante 30 minutos volteándolas dos o tres veces durante la cocción, tapándolas con plástico o tapa refractaria.
- Al término, se dejan reposar tres minutos.

COSTILLAS DE CERDO EN CHILE POBLANO

4 personas * 25 minutos

Ingredientes:

700 g. de costillitas de cerdo.
3 chiles poblanos en tiras, limpios y desvenados.
1 lata chica de puré de tomate.
1/2 cebolla chica cortada en rodajas.
1 papa grande partida en cuadritos.
1 diente de ajo.
Sal y pimienta, al gusto.

Procedimiento:

- Ya lavadas y escurridas se fríen las costillas en un poco de aceite.
- Se vacían en un recipiente refractario, se le agrega la sal y la cebolla y se mete al horno con media taza de agua por espacio de 10 minutos en "high".
- Se les incorpora los chiles poblanos, el puré, el ajo y la papa y se vuelve a hornear 15 minutos más cubriendo el recipiente con plástico o tapa refractaria.
- Este conocimiento debe ser en "high".
- Al término se deja reposar tres minutos.

NOTA: *Si los chiles poblanos están muy picosos, se pueden remojar en un litro de agua con tres cucharadas de sal durante media hora. Se escurren y enjuagan.*

COSTILLAS DE PUERCO ENTOMATADO

4 personas * 25 minutos

Ingredientes:

- 3/4 *de kg. de costillitas de cerdo.*
- 1/2 *kg. de tomate verde.*
- 1/2 *cebolla mediana.*
- 2 *dientes de ajo.*
- *Agua, la necesaria.*

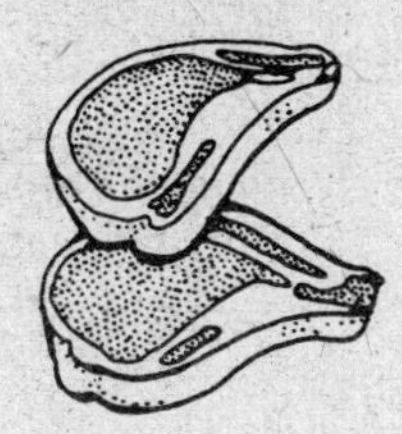

Procedimiento:

- Ya lavadas y escurridas las costillas, se fríen en un poco de aceite de manera convencional.
- Mientras se fríen las costillas, se licúan los tomates, la cebolla, los dientes de ajo por espacio de unos cuantos segundos.
- Se vacían las costillas a un recipiente refractario y se le incorpora la salsa agregando una taza de agua.
- Se cubre el recipiente con plástico o tapa refractaria y se mete al horno por espacio de 25 minutos en "high".
- Se deja reposar tres minutos.

COSTILLAS DE PUERCO EN JITOMATE

4 personas * 35 minutos

Ingredientes:

- 3/4 de kg. de costillitas de cerdo.
- 1 lata de puré de tomate chica.
- 1 papa grande partida en cuadritos.
- 2 hojas de laurel.
- Sal y pimienta, al gusto.
- Agua y aceite, los necesarios.

Procedimiento:

- De manera convencional, se fríen las costillitas en un poco de aceite.
- Se incorporan a un recipiente refractario y se les agregan la lata de puré, las hojas de laurel, la sal y pimienta y agua suficiente hasta que cubra las costillas, las cuales estarán repartidas en el fondo del recipiente.
- Se cubre el refractario con plástico o tapa refractaria y se mete al horno durante 15 minutos.
- Se le agregan las papas partidas en cuadritos y se vuelve a hornear 20 minutos más en "high".
- Se deja reposar tres minutos.

CHULETAS AHUMADAS CON PIÑA

4 personas * 10 minutos

Ingredientes:

1/2	*kg. de chuletas de cerdo ahumadas.*
1	*lata de piña en almíbar picada.*
1	*taza de puré de piña.*
3	*pimientas negras.*

Procedimiento:

- En un recipiente refractario extendido, se colocan las chuletas repartidas en forma uniforme en el fondo del recipiente. Se les agregan la piña picada, sin almíbar, el puré de piña y las pimientas, todo con media taza de agua.
- Se cubre el recipiente con un plástico o tapa refractaria y se mete al horno durante 10 minutos en "high".
- Se deja reposar tres minutos.

NOTA: No se agrega sal puesto que las chuletas tienen suficiente.

CHULETAS DE CERDO CON MANZANA

4 personas * 10 minutos

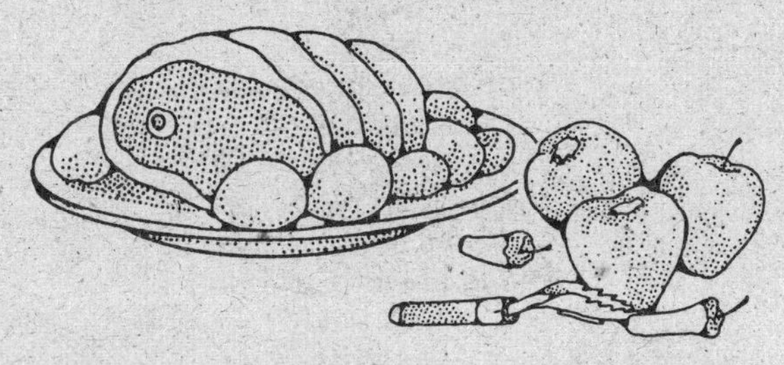

Ingredientes:

1/2	*kg. de chuletas ahumadas.*
2	*manzanas grandes peladas y rebanadas.*
1	*taza de puré de manzana.*
3	*pimientas negras.*
1/2	*taza de agua.*

Procedimiento:

- En el fondo de un recipiente refractario extendido, se distribuyen las chuletas, se cubren con las manzanas rebanadas; se bañan con el puré de manzana y se les agrega 1/2 taza de agua y las pimientas.
- Se cubre con plástico o tapa refractaria y se mete al horno por espacio de 10 minutos en "high".
- Se deja reposar por tres minutos.

NOTA: No se le agrega sal, puesto que las chuletas tienen suficiente.

LOMO A LA NARANJA

4 personas * 35 minutos

Ingredientes:

1/2	*kg. de lomo de puerco rebanado.*
4	*chiles anchos.*
2	*dientes de ajo.*
2	*hojas de laurel.*
	Jugo de una naranja.
	Sal, al gusto.

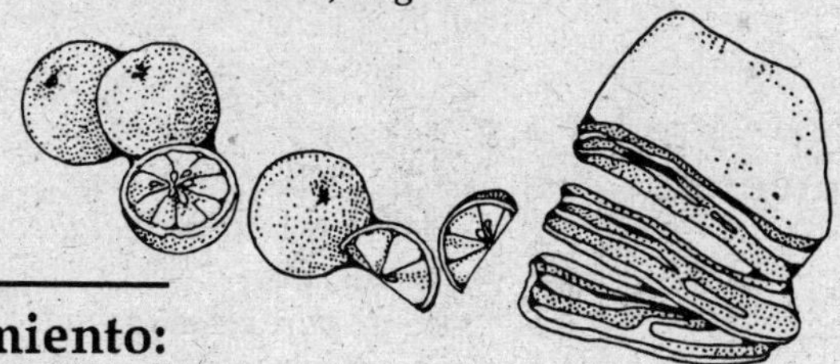

Procedimiento:

- El lomo se lava y escurre y se pone a freír en un poco de aceite en forma convencional por los dos lados a que esté bien dorado.
- Se colocan en un recipiente refractario extendido repartiéndolos uniformemente en el fondo.
- En el mismo recipiente en que se frieron las rebanadas de lomo, se fríen los chiles lavados y desvenados y se incorporan a la carne junto con las hojas de laurel, se les agrega la sal y el jugo de naranja.
- Se cubre el recipiente con plástico o tapa refractaria y se mete al horno por espacio de 35 minutos en "high".
- Se deja reposar tres minutos.

LOMO DE PUERCO A LA MOSTAZA

4 personas * 35 minutos

Ingredientes:

1/2	*kg. de lomo de puerco rebanado.*
2	*cucharadas de mostaza.*
2	*cucharadas de aceite.*
1	*cebolla chica rebanada.*
1/2	*taza de agua.*
	Sal, al gusto.

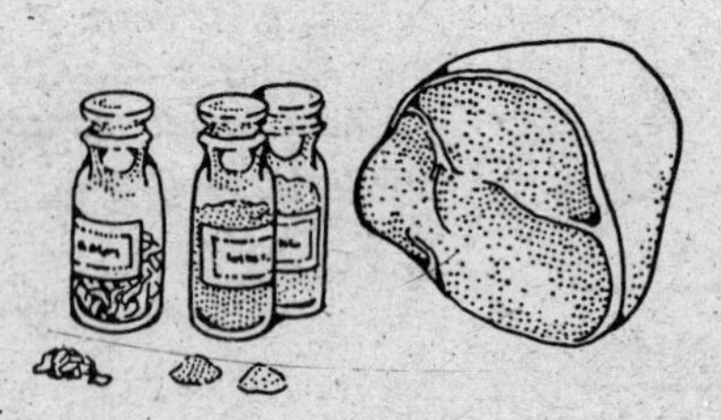

Procedimiento:

- Ya lavado el lomo, se pone a freír en el aceite en forma convencional, cuando esté dorado por los dos lados se vacía en un refractario colocándose las rebanadas en el fondo del recipiente en forma uniforme.
- Se le unta la mostaza y se le agrega la cebolla y la sal junto con el agua.
- Se cubre con un plástico o tapa refractaria y se mete al horno en "high" durante 35 minutos.
- Se deja reposar tres minutos.

CHULETAS DE CERDO EN CHIPOTLE

4 personas * 20 minutos

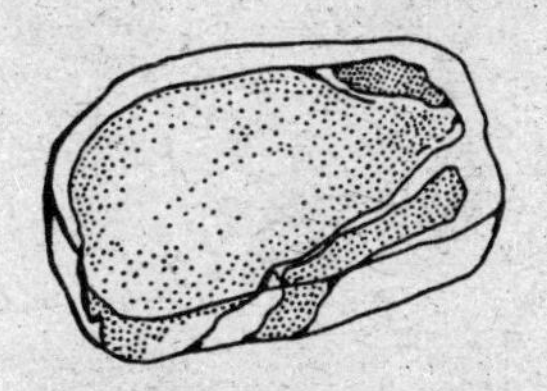

Ingredientes:

- 1/2 *kg. de chuletas crudas.*
- 2 *refrescos de cola.*
- 1 *lata mediana de chile chipotle molido.*
- 3 *cucharadas de manteca vegetal o de cerdo.*
- *Sal, al gusto.*

Procedimiento:

- Las chuletas se doran en la manteca de manera convencional, y se les agrega sal al gusto.
- Se vacían en un recipiente refractario, procurando que no queden encimadas.
- Se les agrega el chile chipotle previamente molido, y los refrescos de cola.
- Se meten al horno cubiertas con plástico o tapa refractaria durante 20 minutos en "high".
- Se dejan reposar tres minutos.

NOTA: *Para evitar que los refrescos produzcan mucha espuma, se deben destapar una hora antes.*

ESPINAZO DE CERDO EN ADOBO

4 personas * 35 minutos

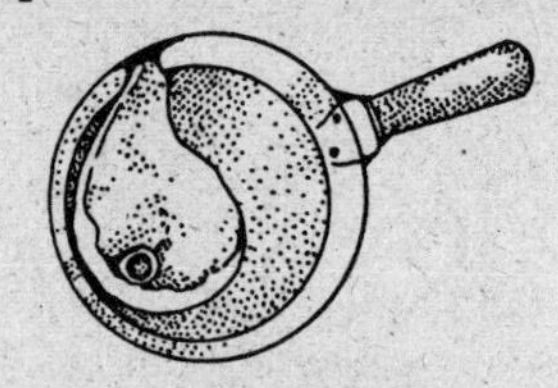

Ingredientes:

1/2	*kg. de espinazo de cerdo.*
1	*cebolla grande.*
1/2	*litro de agua.*
4	*chiles anchos.*
2	*dientes de ajo.*
1/2	*cucharadita de orégano.*
2	*cucharadas de aceite.*
3	*cucharadas de vinagre.*
2	*hojas de laurel.*

Procedimiento:

- Después de lavado el espinazo, se mete al horno en un refractario con media cebolla y sal durante 20 minutos en "high", cubierto el recipiente con plástico o tapa refractaria. Los chiles se tuestan ligeramente, se remojan y se muelen con la cebolla restante, los ajos y el orégano.
- Se agrega esta salsa al espinazo junto con el vinagre y el laurel.
- Se vuelve a meter al horno otros 15 minutos en "high", tapado el recipiente.
- Se deja reposar tres minutos.

ESPINAZO DE CERDO CON CALABACITAS

4 personas * 35 minutos

Ingredientes:

1/2 *kg. de espinazo de cerdo en trozos.*
1/2 *kg. de tomates verdes pelados y lavados.*
2 *chiles poblanos pelados y desvenados.*
1 *manojito de cilantro.*
2 *hojas de rábano.*
1/2 *cebolla chica.*
1 *diente de ajo.*
1/2 *kg. de calabacitas.*
Aceite el necesario.
Sal, al gusto.

Procedimiento:

- Después de lavado el espinazo, se fríe en el aceite de manera convencional. Se vacía en un recipiente refractario y se cubre con agua agregándole sal al gusto.
- Se mete al horno cubierto con un plástico o una tapa refractaria por espacio de 15 minutos en "high".
- Los tomates se muelen en la licuadora junto con los chiles, el cilantro, las hojas de rábano, cebolla y ajo. La mezcla anterior, se le agrega la carne junto con las calabacitas crudas partidas a la mitad y se mete al horno durante 20 minutos en "high", el recipiente se debe tapar.
- Se deja reposar tres minutos.

LOMO DE CERDO EN SU JUGO

4 personas * 35 minutos

Ingredientes:

- 1/2 *kg. de lomo de cerdo rebanado.*
- 1 *vaso de agua.*
- 1 *vaso de vino blanco.*
- 1 *cebolla mediana cortada en rebanadas.*
- 1 *cucharada de aceite.*
- *Sal, al gusto.*

Procedimiento:

- La carne se pone en un recipiente refractario procurando que no queden las rebanadas encimadas, por lo menos evite que no queden muy juntas. Se baña con la mezcla de agua y vino blanco, se le esparcen las rodajas de cebolla y se sazona con sal y pimienta al gusto.
- Se mete al horno el recipiente cubriéndolo con plástico o tapa refractaria por espacio de 35 minutos en "high".
- Se deja reposar.

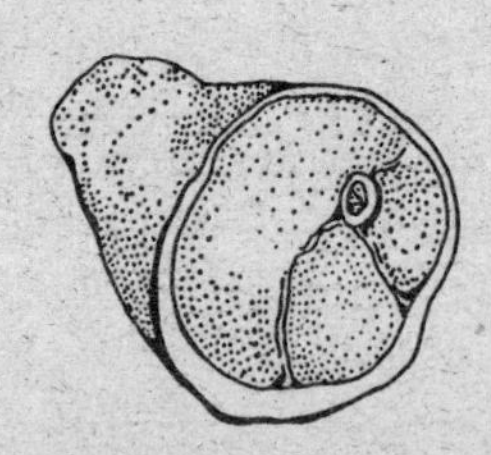

CHULETAS A LA CERVEZA

4 personas * 25 minutos

Ingredientes:

8	*chuletas de cerdo ahumadas.*
1	*cebolla chica.*
	Yerbas de olor al gusto.
1/2	*cucharadita de pimienta molida.*
2	*dientes de ajo.*
2	*tazas de cerveza oscura.*
1	*cucharada de mostaza.*

Procedimiento:

- Se muelen todos los ingredientes a excepción de la carne; ésta se coloca en un recipiente refractario procurando que cubra el fondo y quede uniformemente repartida.
- Se baña con la salsa y se mete al horno cubierta con plástico o tapa refractaria por espacio de 25 minutos en "high".
- Se deja reposar tres minutos.

LOMO AL HORNO

4 personas * 35 minutos

Ingredientes:

600	*g. de lomo rebanado.*
3	*jitomates asados y pelados.*
2	*chiles anchos asados y desvenados.*
2	*dientes de ajo.*
1/2	*cebolla chica.*
	Sal y pimienta, al gusto.

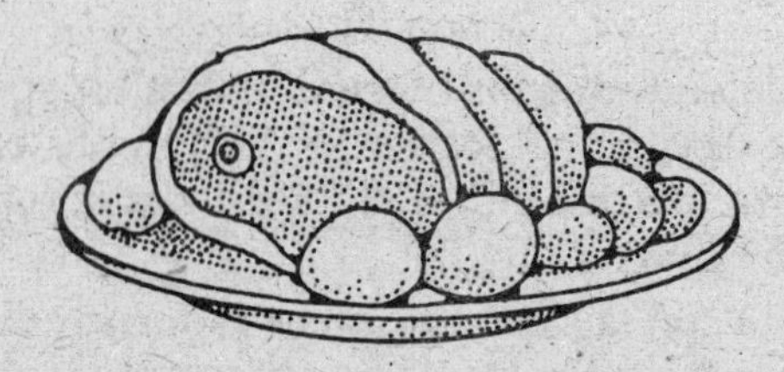

Procedimiento:

- Los jitomates y los chiles se muelen en la licuadora con los ajos, cebolla, sal y pimienta.
- El lomo se coloca en un recipiente refractario, se baña con la salsa y se pincha con un palillo para que penetre la salsa.
- Se cubre el recipiente con plástico o tapa refractaria y se mete al horno 35 minutos en "high".
- Se deja reposar cinco minutos.

CHULETAS DULCES

4 personas * 35 minutos

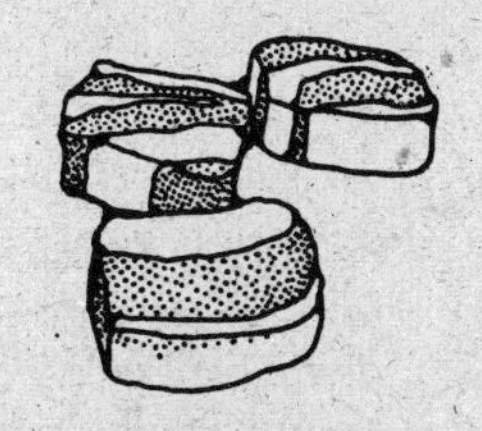

Ingredientes:

600 g. de chuletas de cerdo frescas.
3/4 de taza de cebolla picada.
1 taza de puré de tomate.
1 y 1/2 cucharadas de azúcar mascabado.
2 cucharadas de vinagre.
1 cucharada de mostaza.
Sal y pimienta, al gusto.

Procedimiento:

- Se mezclan todos los ingredientes.
- Las chuletas se reparten uniformemente en el fondo de un recipiente refractario y se bañan con la mezcla de los demás ingredientes.
- Se cocinan en el horno 35 minutos en "high" con el recipiente tapado.
- Se voltean a mitad de cocción.
- Se dejan reposar tres minutos.

CHULETAS CANTONESAS

4 personas * 40 minutos

Ingredientes:

600 g. de chuletas de puerco frescas.
1/2 taza de salsa de soya.
1/4 de taza de jerez.
1/4 de taza de jugo de limón.
1 pizca de sal de ajo.
2 cucharadas de azúcar morena.
1/2 taza de mermelada de chabacano.

Procedimiento:

- En un recipiente refractario, se acomodan en el fondo de manera uniforme las chuletas, se mezclan los demás ingredientes excepto la mermelada.
- Se bañan las chuletas con la mezcla preparada y se dejan reposar cubiertas con un plástico durante 30 minutos.
- Después de este tiempo, se meten al horno durante 35 minutos en "high".
- Al término del tiempo, en la mitad del jugo de la carne, se revuelve la mermelada, con esta pasta se vuelve a bañar la carne metiéndose al horno 5 minutos más con el recipiente tapado.
- Se deja reposar varios minutos.

CHOP SUEY

4 personas * 30 minutos

Ingredientes:

1/2	*kg. de carne de cerdo cortada en trozos pequeños.*
2	*cucharadas de aceite o manteca.*
1/4	*de taza de harina.*
1	*taza de agua.*
3	*cucharadas de salsa de soya.*
2	*cucharadas de miel.*
1	*taza de pimientos verdes en cuadros.*
2	*tazas de apio picado.*
1	*taza de cebolla picada en cuadros.*
1	*lata chica de hongos partidos.*

Procedimiento:

- Ya lavada la carne, se fríe de manera convencional en el aceite o manteca.
- Se le agrega la harina mezclándose con la grasa de la carne.
- Se vacía la carne en un recipiente refractario agregándole el agua, la salsa de soya, la miel, sal y pimienta.
- Se tapa y mete al horno durante 20 minutos, al término de este tiempo se le agrega los vegetales y se vuelve a meter al horno por espacio de 10 minutos más en "high".
- Se sirve con arroz.

TINGA

4 personas * 35 minutos

Ingredientes:

700	*g. de costillas de cerdo.*
1	*lata chica de chiles chipotles.*
1	*jitomate grande asado y molido.*
1	*cebolla grande rebanada.*
	Sal, al gusto.

Procedimiento:

- Lavada y escurrida la carne, se fríe de manera convencional en su propia grasa; ya frita se le agrega la cebolla hasta que se acitrone, se le agregan los chiles y el jitomate hasta que queden perfectamente fritos.
- Se vacía todo en un recipiente retractario, se tapa y se mete al horno por espacio de 35 minutos en "high".
- Se deja reposar tres minutos.

CHULETAS DE CERDO RELLENAS

4 personas * 40 minutos

Ingredientes:

4 *chuletas de cerdo frescas de 2.5 cm. de espesor y abiertas en forma de mariposa.*
1 *y 1/2 tazas de puré de manzana.*
1/2 *taza de pasitas.*
1 *lata de crema de champiñones.*

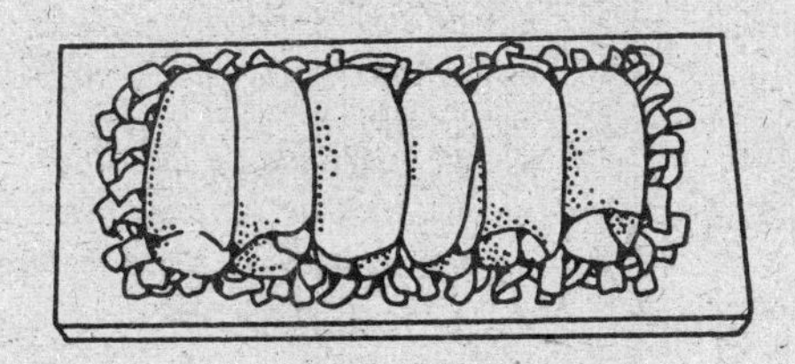

Procedimiento:

- Se combinan el jugo y las pasitas cocinándolas en "high" durante cinco minutos o hasta que esté bastante espesa la salsa.
- Se rellenan las chuletas acomodándolas en un platón refractario, se sazona con sal y pimienta.
- Se baña con la crema de champiñones preparada según las instrucciones de la lata.
- Se mete al horno durante 40 minutos en "high", interrumpiendo a la mitad de su cocción para voltear las chuletas y se continúa el proceso los minutos restantes.

CARNE DE RES

ROLLO DE CARNE

4 personas * 25 minutos

Ingredientes:

1/2	*kg. de carne de res molida.*
1/2	*kg. de carne de cerdo molida.*
1	*rebanada de pan de caja remojada en leche.*
1	*huevo.*
2	*cucharadas de aceite.*
	Agua, la suficiente.
	Sal y pimienta, al gusto.

Procedimiento:

- Se revuelven las dos carnes con sal, pimienta, huevo y pan.
- Con la ayuda de una servilleta húmeda, se hace un rollo que se freirá con el aceite por todos lados en forma convencional.
- Se mete al horno en un recipiente refractario con media taza de agua.
- Se cubre con un plástico y se hornea durante 25 minutos en "high".

HAMBURGUESAS AL VINO TINTO

4 personas * 15 minutos
(Se empiezan a preparar horas antes de servir)

Ingredientes:

- *700 g. de aguayón molido.*
- *1/2 taza de perejil picado.*
- *1/2 cucharadita de tomillo fresco o seco.*
- *1 taza de vino tinto.*
- *3 cucharadas de mantequilla.*
- *Sal y pimienta, al gusto.*

Procedimiento:

✿ Se revuelven con la carne la sal, pimienta, tomillo, perejil picado con un tenedor, se le agrega el vino tinto a la carne sin revolverla, se tapa el recipiente y se mete al refrigerador durante varias horas.

✿ Pasado el tiempo de refrigeración, se revuelve la carne con un tenedor, se forman cuatro tortas grandes, se doran en forma tradicional en la mantequilla, se vacían en un recipiente refractario para terminar el cocimiento en el horno de microondas por 5 minutos más en "high".

✿ Puede meterse la carne cruda sin dorar por un tiempo de 10 minutos en "high".

✿ Se dejan reposar de tres a cinco minutos.

CARNE ENCEBOLLADA

4 personas * 40 minutos

Ingredientes:

1/2	*kg. de ternera.*
1	*cebolla mediana cortada en rodajas.*
2	*papas.*
2	*zanahorias.*
1	*chayote chico.*
100	*g. de jamón rebanado.*
	Aceite, el necesario.
	Sal y pimienta, al gusto.

Procedimiento:

- Se mecha la carne con el jamón y se fríe de manera convencional junto con la cebolla.
- Cuando esté perfectamente dorada, se le agrega la zanahoria cortada en cuadritos y 3/4 de taza de agua.
- Se mete al horno en un recipiente refractario cubriéndola con plástico durante 20 minutos en "high".
- Al término de este tiempo, se le agrega la papa y el chayote cortados también en cuadritos, agregándole también la sal y pimienta al gusto.
- Se hornea por 20 minutos más en "high", procurando agregar agua, la necesaria, para que no se pasmen las verduras.

BISTECES ENTOMATADOS

4 personas * 30 minutos

Ingredientes:

600 *g. de milanesa de res.*
1 *lata chica de chiles chipotles.*
700 *g. de tomate verde.*
2 *cebollas grandes.*
Sal, pimienta y vinagre, al gusto.

Procedimiento:

- Los tomates se cortan en cuatro, las cebollas se rebanan en rodajas muy delgadas.
- En un recipiente refractario extendido se coloca una capa de tomate, cebolla, rajitas de chile chipotle, un chorrito de vinagre, sal y pimienta.
- Otra capa de bisteces cubriéndola con los demás ingredientes, dejando la última capa, de bisteces.
- Se tapa el recipiente y se mete al horno por espacio de 30 minutos en "high".
- Se deja reposar cinco minutos.

ROLLOS DE CARNE

4 personas * 25 minutos

Ingredientes:

- 1/4 *kg. de carne molida de res.*
- 8 *hojas grandes de col.*
- 1 *huevo.*
- 1 *cucharada de harina.*
- 1 *cucharada de cebolla rayada.*
- *Aceite, el necesario.*
- *Sal y pimienta, al gusto.*

Procedimiento:

- ✿ Se mezclan la carne, el huevo batido, la cucharada de harina, la cebolla, sal y pimienta, al gusto.
- ✿ Las hojas de col se remojan hasta ablandarse en agua caliente.
- ✿ En cada hoja se coloca una porción de carne preparada, se envuelve asegurándola con hilo para evitar que los taquitos se desenrollen.
- ✿ De manera convencional, se dorarán los taquitos por todos lados en aceite.
- ✿ Fritos los taquitos, se vacían en un recipiente refractario y se les agrega 1/2 taza de agua, sal y pimienta al gusto.
- ✿ Se cubre el recipiente con un plástico o tapa refractaria y se mete al horno por espacio de 25 minutos en "high".
- ✿ Se deja reposar cinco minutos más.

HAMBURGUESAS PEREJIL

4 personas * 15 minutos

Ingredientes:

600	*g. de carne molida de res.*
1/2	*cebolla chica rallada.*
1/2	*taza de perejil finamente picado.*
1	*huevo batido.*
	Sal y pimienta, al gusto.

Procedimiento:

- Se revuelven todos los ingredientes y se forman tortitas que se colocarán en un recipiente refractario extendido.
- No deben quedar encimadas las hamburguesas.
- Se meten al horno por espacio de 15 minutos en "high".
- Se dejan reposar tres minutos.

NOTA: *Se les puede agregar queso amarillo antes de dejarlas reposar para que se derrita.*

HAMBURGUESAS SORPRESA

4 personas * 10 minutos

Ingredientes:

1	*kg. de carne molida de res.*
1/2	*taza de cebolla rallada.*
1	*pimiento verde chico.*
1	*cucharada de crema agria.*
100	*g. de queso Chihuahua.*
	Sal y pimienta, al gusto.

Procedimiento:

- Se extiende la carne molida en un recipiente grande, se sazona con sal y pimienta.
- Se pica el pimiento en trozos muy pequeños y se añade a la carne junto con la cebolla rallada.
- Se le agrega la crema revolviéndola con las manos lo suficiente para que se incorporen todos los ingredientes.
- No amase demasiado la carne porque puede perder su jugo y sabor. Se forman seis u ocho tortitas de centímetro y medio de espesor.
- Se hace un agujero en el centro de la hamburguesa y se coloca un trocito de queso cubriéndolo perfectamente con la carne.
- Se meten al horno en un recipiente refractario de manera que no queden encimadas, estarán en el horno durante 10 minutos en "high".
- Se dejan reposar cinco minutos.

PESCADO

PESCADO EN PIMIENTO

4 personas * 15 minutos

Ingredientes:

4 filetes grandes de pescado.
1 lata chica de pimientos morrones.
1/4 de crema agria.
3 rebanadas de queso amarillo.
Jugo de limón, al gusto.
Sal y pimienta, al gusto.

Procedimiento:

- Se untan los filetes con el jugo de limón, la sal y pimienta.
- Se licúan los pimientos morrones junto con la crema y el queso amarillo, se le puede agregar una poca de leche para que no espese tanto.
- En un recipiente refractario se colocan los filetes en el fondo y se bañan con la salsa, se cubre el recipiente con un plástico y se mete al horno por espacio de 15 minutos en "high".
- Se deja reposar de tres a cinco minutos.

FILETES DE CALAMAR A LA ESPAÑOLA

4 personas * 65 minutos

Ingredientes:

1/2 k. de filete de calamar.
1 cebolla grande cortada en tiritas.
3 jitomates pelados y picados.
1 ajo picado.
2 pimientos morrones verdes cortados en tiras.
1 hoja de laurel, una ramita de tomillo y una de mejorana.

Procedimiento:

- Se ponen a cocer en un molde refractario con una taza de agua durante 45 minutos en "high".
- Pasado este tiempo, se escurren y se cortan en tiritas para después freírlos en un poco de aceite con sal y pimienta.
- Aparte se fríe la cebolla cortada en tiritas, el jitomate picado, el ajo, los pimientos morrones, la hoja de laurel, mejorana y tomillo.
- Se deja sazonar durante cinco minutos.
- Se vacían los calamares en un recipiente refractario en donde se agregará la salsa preparada anteriormente.
- Se cubre el recipiente con un plástico o tapa refractaria y se mete al horno por espacio de 20 minutos en "high".
- Se deja reposar durante cinco minutos.

ROLLOS DE PESCADO

4 personas * 10 minutos

Ingredientes:

4 *filetes de pescado grandes.*
100 *g. de queso rallado.*
Bastantes aceitunas picadas.
1/2 *taza de leche.*
1/2 *cebolla rebanada.*
Hierbas de olor.
2 *cucharadas de mantequilla o margarina.*
2 *cucharadas de harina.*
Sal y pimienta, al gusto.

Procedimiento:

- Ya lavados y escurridos los filetes, se les colocará en el centro a cada uno un poco de queso rallado y aceitunas picadas.
- Se enrollan y atan con un hilo
- En la media taza de leche, se hierve la cebolla, las hierbas de olor, sal y pimienta.
- Cuando la leche esté hirviendo se le incorporan los rollos de pescado, ya cocidos se colocan en un recipiente refractario.
- Aparte se dora, de manera convencional, la mantequilla o margarina a la que se le añadirán las dos cucharadas de harina dejándolo a fuego suave hasta que espese.
- Se vacía esta salsa sobre los rollos espolvoréandoles queso rallado.
- Se meten al horno cubriéndolos con un plástico o tapa refractaria por espacio de 10 minutos en "high".
- Se dejan reposar de tres a cinco minutos.

PESCADO EN LIMON Y MANTEQUILLA

4 personas * 23 minutos

Ingredientes:

3/4 kg. de filetes de pescado.
1/2 taza de mantequilla.
2 limones.
1 cucharada de pimentón molido.
2 dientes de ajo picados.
Sal y pimienta, al gusto.

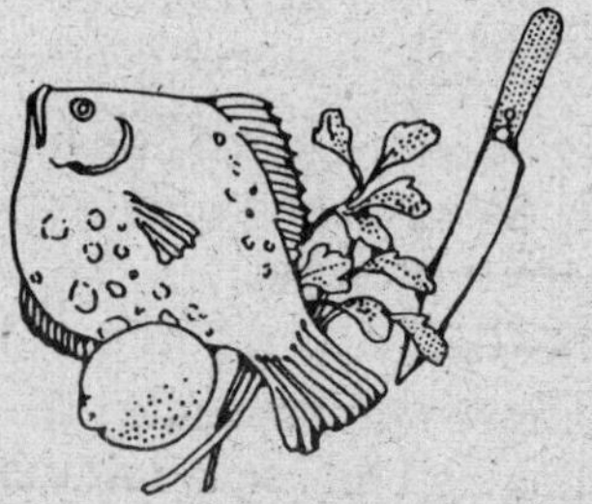

Procedimiento:

- En un recipiente refractario se colocan la mantequilla, el jugo de los limones, el pimentón molido, los ajos, sal y pimienta, se meten al horno 3 minutos en "high", se le agregan los filetes metiéndolos nuevamente al horno por 20 minutos más en "high", interrumpiendo la cocción a la mitad para bañar con la salsa los filetes.
- El refractario debe cubrirse con un plástico o tapa refractaria.
- Se deja reposar de tres a cinco minutos.

MOJARRAS EN AGUACATE

4 personas * 15 minutos

Ingredientes:

4	*mojarras medianas.*
1	*cucharada de aceite.*
1	*hoja de laurel.*
1	*cebolla rebanada.*
2	*limones.*
1/2	*cebolla mediana picada.*
1	*aguacate.*
1	*taza de cilantro picado.*
	Sal y pimienta, al gusto.

Procedimiento:

- En un recipiente refractario se colocarán las mojarras previamente lavadas y escurridas.
- Se rocían con el aceite, se les agrega sal, pimienta, la cebolla rebanada y la hoja de laurel.
- Se cubren con un plástico o tapa refractaria y se mete al horno por espacio de 15 minutos en "high".
- Al término, se le agrega el jugo de limón.
- Aparte se aplasta el aguacate y se le agrega la cebolla finamente picada, la taza de cilantro finamente picado y la sal, se extiende esta pausa en un platón y encima se colocarán las mojarras las cuales se adornarán con jitomate rebanado, ramas de perejil y chiles jalapeños.

NOPALITOS NAVEGANTES

4 personas * 10 minutos

Ingredientes:

4	*nopales grandes cocidos y picados.*
100	*g. de charales secos.*
1/2	*kg. de tomates verdes.*
1/2	*cebolla mediana.*
1	*taza de cilantro fresco.*
1	*diente de ajo.*
2	*chiles serranos (opcional).*
	Sal y pimienta, al gusto.
1	*taza de agua.*

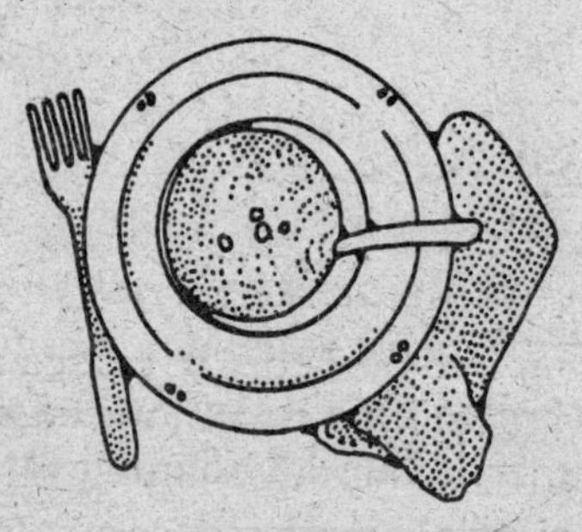

Procedimiento:

- Se ponen a hervir de manera convencional los tomates junto con los chiles.
- Se licúan junto con la cebolla y el cilantro.
- En un recipiente refractario se colocan todos los ingredientes y se cubre con un plástico, se mete al horno por espacio de 10 minutos en "high" y se deja reposar de tres a cinco minutos.

HUACHINANGO A LA CREMA

4 personas * 10 minutos

Ingredientes:

- 3/4 *de kg. de huachinango en filetes.*
- 2 *limones.*
- 2 *cucharadas de mantequilla o margarina.*
- 1 *cucharada de harina.*
- 2 *cucharadas de leche.*
- 1/4 *de litro de crema agria.*
- 2 *yemas.*
- *Agua, la necesaria.*
- *Sal y pimienta molida, al gusto.*

Procedimiento:

✿ Lavado el pescado, se coloca en un molde refractario con el jugo de limón, sal y pimienta, un cuarto de taza de agua y mantequilla o margarina.

✿ Se mete al horno previamente tapado con un plástico por espacio de 10 minutos en "high".

✿ Se bañará el pescado con la siguiente salsa: de manera convencional se fundirá 1 cucharada de mantequilla a la cual se le agregarán las cucharadas de harina que se dorarán ligeramente, se le agrega la leche y la crema, cuando haya espesado un poco se le agregan las yemas batidas y coladas, se sazona al gusto.

HUACHINANGO A LA MOSTAZA

4 personas * 15 minutos

Ingredientes:

700	*g. de huachinango.*
2	*limones.*
1	*cebolla rebanada.*
100	*g. de mantequilla o margarina.*
1	*cucharada de mostaza.*
	Agua, la necesaria.
	Sal y pimienta, al gusto.

Procedimiento:

- Se lava el pescado haciéndole unos cortes transversales.
- Se coloca en un recipiente refractario con el jugo de limón, sal, pimienta, cebolla y 1 taza de agua.
- Se mete al horno por espacio de 15 minutos en "high" tapado el refractario con un plástico.
- Se bañará con la siguiente salsa: Se funde la mantequilla o margarina, se le agrega la mostaza, se sazona y se deja hervir a que haga espuma.
- Con esta salsa se baña el pescado.

ROBALO EN PEREJIL

4 personas * 15 minutos

Ingredientes:

700	*g. de róbalo en rebanadas.*
1	*limón.*
1/4	*de taza de aceite.*
1	*taza de perejil picado.*
2	*papas cocidas.*
	Sal y pimienta, al gusto.
	Agua, la necesaria.

Procedimiento:

- Se lava el pescado y se coloca en un recipiente refractario junto con todos los ingredientes excepto las papas.
- Se tapa el recipiente con un plástico y se mete al horno por espacio de 15 minutos en "high".
- Al término se le agregan las papas y se deja reposar de tres a cinco minutos.

PASTELES

PASTEL SENCILLO

4 personas * 10 minutos

Ingredientes:

1	*y 1/2 tazas de harina.*
1	*y 1/2 cucharaditas de polvo para hornear.*
1	*taza de azúcar.*
3	*huevos.*
1/2	*taza de mantequilla o margarina.*
1	*chorrito de vainilla y canela en polvo.*

Procedimiento:

- Se revuelven la harina, el polvo de hornear y 3 pizcas de sal.
- Se le agrega el azúcar, los huevos batidos y la mantequilla o margarina fundida.
- Se baten todos los ingredientes ya sea con batidora eléctrica o manual y se le agrega la vainilla a que se incorpore perfectamente.
- Se engrasa un refractario y se vacía la mezcla enharinando antes el molde.
- Se cocina sin tapar en "high" por espacio de 7 a 9 minutos hasta que al insertar un palillo éste salga limpio.

PASTEL DE ZANAHORIA

4 personas * 25 minutos

Ingredientes:

- *1 y 1/2 tazas de harina.*
- *2 cucharaditas de royal.*
- *3 pizcas de sal.*
- *1 y 1/2 tazas de azúcar.*
- *1 cucharadita de canela en polvo.*
- *1 taza de aceite.*
- *3 huevos.*
- *2 tazas de zanahorias ralladas.*
- *1 lata chica de piña en trocitos sin jugo.*

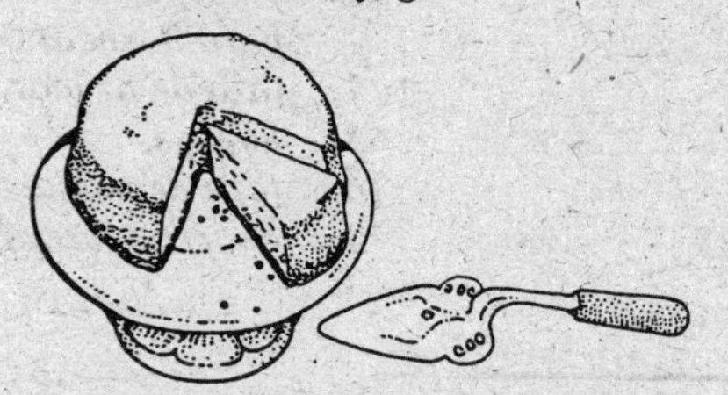

Procedimiento:

- Se revuelven la harina, el royal, sal y canela.
- Se les agrega el azúcar, aceite y huevos batidos.
- Se baten todos estos ingredientes perfectamente agregándoles posteriormente la zanahoria y la piña.
- Se vierte la mezcla en un molde refractario, de preferencia redondo u ovalado, previamente engrasado y enharinado.
- Se cocina en "high" de 14 a 16 minutos girando el molde a los 8 minutos para que el cocimiento sea parejo.
- Déjese reposar cinco minutos y desmolde hasta que esté frío.

MANTECADAS DE LIMON

4 personas * 50 segundos/molde

Ingredientes:

2 *tazas de harina.*
1 *y 1/2 tazas de azúcar.*
1 *taza de margarina o mantequilla.*
1 *cucharadita de polvo para hornear.*
3 *pizcas de sal.*
5 *huevos.*
Rayadura de limón.

Procedimiento:

- La mantequilla se acrema, se le agrega el azúcar y se continúa batiendo, se incorporan los huevos de uno en uno.
- Se cierne la harina con el royal y se incorpora a la mezcla continuando el batido, se agrega la sal y la ralladura de limón.
- En moldes refractarios para gelatina se acomodan moldecitos de papel para panqué, se pone en cada molde 2 cucharadas de la mezcla preparada.
- Se acomodan los moldes en la orilla de la charola del microondas uniformemente distribuidos.
- Se hornearán en "medium" 50 segundos por cada molde.
- Estarán listos cuando al introducir un palillo éste salga limpio.
- Déjese reposar dentro del horno cinco minutos.

PASTEL DE NARANJA

4 personas * 14 minutos

Ingredientes:

2 *tazas de harina.*
1 *y 1/2 tazas de azúcar.*
1 *taza de margarina derretida.*
4 *huevos.*
Raspadura de naranja.
1 *cucharadita de royal.*
3 *pizcas de sal.*

Procedimiento:

- Se revuelven la harina, el azúcar, la cucharadita de royal y las pizcas de sal.
- Cuando ya están bien incorporados se le agrega los huevos batidos, la mantequilla derretida y la raspadura de naranja.
- Se vacía en un molde refractario redondo o en forma de rosca previamente engrasado y enharinado.
- Se hornea en "medium" 7 minutos y 7 minutos más en "high".
- Se deja reposar cinco minutos antes de desmoldar.

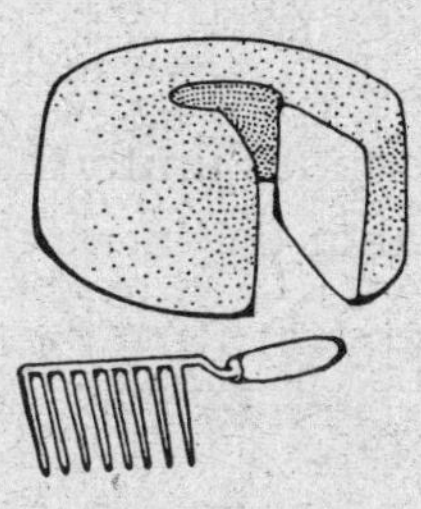

BUDIN DE PIÑA

4 personas * 20 minutos

Ingredientes:

- 1/2 *taza de piña en almíbar en trocitos.*
- 2 *rebanadas de pan de caja.*
- 3/4 *taza de leche.*
- 1 *cucharadita de vainilla.*
- 3 *cucharadas de azúcar.*
- 1 *huevo.*
- 1 *cucharada de mantequilla o margarina.*
- 1 *pizca de sal.*

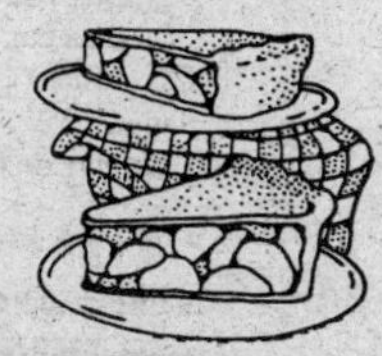

Procedimiento:

- Se engrasa un recipiente refractario chico, se bate en el mismo recipiente el huevo, se le añade el azúcar, leche, vainilla, la sal y piña escurrida.
- Se le agrega después el pan cortado en cuadritos, la mantequilla o margarina mezclándolo todo muy bien, se cubre con un plástico o tapa refractaria y se hornea en "medium" 5 minutos y en "high" 5 minutos más.
- Se deja reposar 10 minutos.
- Está listo cuando al introducir un palillo, éste sale limpio.

Indíce

SOPAS

VERDURAS

POLLO

CARNE DE CERDO

CARNE DE RES

PESCADO

PASTELES

OTROS TÍTULOS DE LA COLECCIÓN

- ☞ ADELGACE COMIENDO
- ☞ APRENDA INGLÉS SIN MAESTRO
- ☞ BELLEZA EN 30 DÍAS PARA ELLA Y PARA ÉL
- ☞ COCINA MEXICANA
- ☞ CONQUISTA UNA PAREJA SENSACIONAL
- ☞ EL AMOR EN LAS SOLTERAS, CASADAS Y DIVORCIADAS
- ☞ FRUTAS Y VERDURAS
- ☞ HAGA USTED MISMA SU ROPA
- ☞ KARATE Y AUTODEFENSA

- ☞ LOS MEJORES COCTELES
- ☞ MANUAL DE PRIMEROS AUXILIOS
- ☞ NO COMETA MÁS ERRORES DE ORTOGRAFÍA
- ☞ POESÍAS DE MÉXICO Y EL MUNDO
- ☞ POSTRES QUE LO HARÁN FELIZ
- ☞ RECETAS QUE SÍ FUNCIONAN DE MAGIA BLANCA Y MAGIA NEGRA
- ☞ REPARACIONES CASERAS 1
- ☞ REPARACIONES CASERAS 2
- ☞ SALUD POR LAS PLANTAS MEDICINALES
- ☞ TU BEBÉ
- ☞ TU BELLEZA
- ☞ TUS HIJOS DE 1 A 12 AÑOS
- ☞ TU NUEVO "LOOK"
- ☞ TU MAQUILLAJE

- ☞ TU ROPA
- ☞ TUS TAREAS DE ESPAÑOL
- ☞ TUS TRUCOS DE MAGIA

ESTA OBRA SE TERMINÓ DE IMPRIMIR
EN LOS TALLERES DE LITOGRÁFICA PIRAMIDE S.A. DE C.V.,
CON DOMICILIO EN VIDAL ALCOCER No. 56, COL. CENTRO
C.P. 06020, MÉXICO D.F.